AF329348

ORDONNANCE
DU ROI

QUI DÉTERMINE

UNE NOUVELLE COMPOSITION

DES RATIONS

EN USAGE

DANS LE DÉPARTEMENT DE LA MARINE.

NANTES,

FOREST, IMPRIMEUR-LIBRAIRE, QUAI DE LA FOSSE, N.º 2.

1827.

IMPRIMERIE DE FOREST.

ORDONNANCE

DU ROI

Qui détermine une nouvelle Composition des Rations en usage dans le Département de la Marine.

Paris, le 5 Février 1823.

LOUIS, par la grâce de Dieu, ROI DE FRANCE ET DE NAVARRE;

Considérant que depuis le décret du 13 janvier 1806, relatif à la composition des rations en usage dans le département de la marine, quelques-unes de ces rations ont subi diverses modifications provisoires qu'il est nécessaire de régulariser;

Voulant d'ailleurs donner aux marins embarqués sur nos bâtimens un témoignage de notre bienveillance, en améliorant encore essentiellement leur ration, et en leur procurant une nourriture plus favorable à leur santé;

Sur le rapport de notre Ministre Secrétaire d'état de la marine et des colonies;

NOUS AVONS ORDONNÉ et ORDONNONS ce qui suit:

ARTICLE I.er

A partir du I.er avril 1823, les diverses espèces de rations qui se consomment dans le service de la marine, seront composées conformément au réglement ci-joint.

1*

Art. 2.

Les quantités de bois et de charbon de terre à embarquer pour la cuisson des alimens des marins, seront délivrées dans les proportions indiquées par le même réglement.

Art. 3.

Les supplémens ou allocations extraordinaires qui pourront avoir lieu à bord de nos bâtimens à la mer, pour préserver les équipages de l'influence des changemens de climats, ou pour toute autre cause, ne pourront excéder les quantités fixées par le susdit réglement.

Art. 4.

Les dispositions prescrites par le décret du 13 janvier 1806 et les décisions postérieures continueront à être exécutées jusqu'au 31 mars 1823 inclusivement.

Art. 5.

Notre Ministre Secrétaire d'état de la marine et des colonies est chargé de l'exécution de la présente ordonnance.

Donné au château des Tuileries, le cinquième jour du mois de février de l'an de grâce 1823, et de notre règne le vingt-huitième.

Signé LOUIS.

Par le Roi :

Signé Marquis DE CLERMONT-TONNERRE.

RÉGLEMENT

Sur la Composition des diverses Rations en usage dans le Département de la Marine.

RATIONS DE MARINS ET AUTRES INDIVIDUS
EMBARQUÉS SUR LES BATIMENS DU ROI.

RATION DE JOURNALIER.

Cette espèce de ration, qui se délivre tant aux hommes embarqués sur les bâtimens de S. M., dans les ports et rades de ·France, qu'aux individus mis en subsistance dans les caïennes ou autres établissemens à terre, sera composée, pour chaque homme, sans distinction de grade, ainsi qu'il suit;

SAVOIR :   ANCIENNE *fixation.*

PAIN......{ Pain frais provenant de farine de froment épurée à douze pour cent. 750 gram. (24 onces).

ou

Biscuit (si les circonstances exigent qu'il en soit fourni)............ 550 gram. (18 onces).

Vin de journalier.............. 69 centi. (3/4 de pinte).

ou

BOISSONS...{ Bière ou cidre... { si la fourniture des vivres a lieu dans les ports de la Manche, depuis Dunkerque jusqu'à Saint-Servan inclusivement. } 1 lit. 38 cent. (1 p. 1/2).

Les fixations établies ci-contre étant destinées à la nourriture d'un homme pendant un jour, la distribution en sera faite par tiers pour chacun des trois repas indiqués ci-après.

Il sera embarqué trois pour cent en sus des quantités nécessaires à la composition des rations en boissons et ce pour faire face aux déchets qu'entraîne leur distribution.

Nota. Il n'est point accordé de boisson aux mousses.

1**

DÉJEUNERS. Ce repas se composera seulement du tiers de la ration complète de pain et de boisson, c'est-à-dire de 250 grammes de pain (8 onces) et de 23 centilitres de vin (1/4 de pinte), ou de 46 centilitres de bière ou de cidre (1/2 pinte), selon les localités.

DÎNERS.... Il y aura, chaque semaine, quatre dîners gras et trois dîners maigres, qui se composeront, indépendamment du tiers de la ration complète en pain et boisson, SAVOIR :

Anc. fixa.

Le dîner gras, de. (1)
Viande fraîche..... 250 grammes (8 onces).
et de
Légumes verts, à raison de........ 16 milli. 1/2 (4 deniers)

Ces dîners se délivreront les dimanche, mardi, jeudi et samedi

Le dîner maigre, de (2)
Morue. assaisonnée comme il sera spécifié ci-après 120 grammes (4 onces).
ou
Fromage.......... 90 grammes (3 onces).

Les dîners maigres se délivreront les lundi, mercredi et vendredi.

(1) *Nota.* Il sera fourni trois pour cent en sus de la quantité de viande fraîche nécessaire à la composition des dîners gras, afin de couvrir le déchet à la distribution.

Si l'on était dans le cas de faire consommer du lard ou du bœuf salé en journalier, les distributions de ces salaisons, ainsi que les additions dont elles sont susceptibles, seraient fixées conformément à ce qui sera réglé ci-après pour la ration de campagne ; et si, au lieu d'argent pour achat de légumes verts, on était obligé de distribuer de l'oseille confite ou de la choucroûte avec les dîners gras, les proportions en seraient de 15 grammes (1/2 once) d'oseille confite ou de 30 grammes, (1 once) de choucroûte pour chaque dîner en viande fraîche.

(2) Si, à défaut de morue et de fromage, on était dans le cas de distribuer du riz ou des légumes pour les dîners, les quantités seraient les mêmes que celles déterminées ci-après pour les soupers, ainsi que les assaisonnemens.

SOUPERS... Le repas du soir ou souper se composera, tous les jours, indépendamment du tiers de la ration complète en pain et en boisson, pour chaque homme, SAVOIR :

De légumes secs (pois, fèves ou faïols). 120 grammes (4 onces).
ou
de riz...................... 60 grammes (2 onces).

Avec les assaisonnemens déterminés ci-après.

S'il y avait impossibilité de faire la chaudière à bord, il serait distribué du fromage en place de légumes ; mais alors ce comestible ne serait accordé qu'à raison de 60 grammes (2 onces) pour chaque souper.

Si, par une cause quelconque, on délivrait de la viande fraîche pour le souper de l'équipage, la quantité accordée pour ce dernier repas ne serait que de 120 grammes (4 onces), au lieu de 250 qui reviennent pour le dîner ; et cette seconde distribution de viande dans un jour ne donnerait lieu à aucune augmentation de la somme accordée pour achat de légumes verts, laquelle resterait toujours fixée à 16 millimes 1/2 (4 deniers) par jour.

Anc. fixa.

ASSAISONNEMENS.....
Huile d'olive..
18 grammes (3/5 d'once), pour chaque dîner en morue.
6 *idem* (1/5 d'once), pour chaque repas en riz ou légumes.
ou
Beurre...
30 *idem* (1 once), pour chaque dîner en morue.
10 *idem* (1/3 d'once), pour chaque repas en riz ou légumes.

Vinaigre..
3 centilitres (1/30 de pinte), pour chaque dîner en morue.
5 millilitres (1/180 de pinte), pour chaque repas en riz ou en légumes.

Sel ...... 22 grammes (11/15 d'once), par homme et par jour.

Chauffage.. (*Voir le tableau ci-après*).

Luminaire. Chandelle. 1 gramme, 46 centigrammes (1/20 d'once) par ration.

RATION DE CAMPAGNE.

La ration à la mer, dite *de campagne*, sera composée pour chaque homme embarqué, quelle que soit sa qualité à bord, de la manière suivante;

SAVOIR :   *Anc. fixa.*

PAIN ......
Farine d'armement......... 550 grammes (18 onces).
 ou
Pain frais en provenant...... 750 grammes (24 onces).
 ou
Biscuit provenant de farine de froment épurée à 33 p.r 100. 550 grammes (18 onces).
Il sera ajouté aux quantités de biscuit et de farine nécessaires pour la composition des rations ordonnées, 10 p. 100, destinés à subvenir aux déchets de garde et de distribution de ces denrées.

BOISSONS ...
Vin de campagne.......... 69 centilitres (3/4 de pinte).
 ou
Eau-de-Vie.............. 18 centilitres (3/16 de pinte).
 ou
Bière ou cidre (si les circonstances l'exigeaient).. 1 lit. 38 centilitres (1 pinte 1/2).
Il sera également embarqué en sus du nécessaire en boissons un supplément de 12 pour 100, destiné à faire face aux déchets et coulages ordinaires pendant la durée de la campagne.
Nota. Il n'est point accordé de boisson aux mousses.

Les fixations établies ci – contre étant destinées à la nourriture d'un homme, pendant un jour, la distribution en sera faite par tiers pour chacun des trois repas spécifiés ci – après.

DÉJEUNERS.
Indépendamment du tiers de la ration complète en biscuit et en boissons applicable à ce repas, il sera délivré des déjeûners chauds composés, SAVOIR :

Dans les régions intertropicales, et
de café.......... 20 grammes (2/3 d'once).
et de sucre....... 20 grammes (2/3 d'once).
Par homme et par jour.

Dans les régions froides ou tempérées....
d'une panade formée tant avec la portion de biscuit revenant pour le déjeûner, qu'avec les quantités de beurre, sel et poivre déterminées ci-après à l'article *Assaisonnemens.*
Idem.

DÎNERS ....
Le marin recevra chaque jour de la semaine un dîner gras, à l'exception du vendredi, jour où il sera délivré un dîner maigre.

Chaque dîner gras se composera de...
Lard salé........................... 180 grammes (6 onces).
 ou
Bœuf salé...................... 250 grammes (8 onces).
Et il sera ajouté à chacune de ces espèces de viande,
Legumes secs.... 60 grammes (2 onces).
 ou
Riz.............. 30 grammes (1 once).
Sans addition d'huile ni vinaigre.
Indépendamment des quantités de poivre et de moutarde fixées ci-après à l'article *Assaisonnemens.*

Chaque dîner maigre se composera de.
Morue (assaisonnée comme il sera fixé ci-après)............................ 120 grammes (4 onces).
 ou
Fromage.......................... 120 grammes (4 onces).

Nota. Lorsque, dans les relâches en pays étrangers ou dans les colonies françaises, il sera jugé nécessaire de fournir de la viande fraîche en place de salaisons, la quantité de bœuf frais ainsi que la somme à allouer pour achat de légumes verts seront les mêmes que celles qui sont fixées pour la ration de journalier. Mais si l'allocation de seize millimes et demi pour légumes verts était reconnue insuffisante, il y serait suppléé, sans cependant que la nouvelle allocation pût, en aucun cas, excéder vingt-six millimes (6 deniers) par ration de viande fraîche.

Indépendamment du tiers de la ration complète en biscuit et en boisson incombant à ce repas, il sera délivré pour chaque homme et par jour. *Anc. fixa.*

SOUPERS...
Légumes secs...................................120 grammes (4 onces).
ou
Riz... 60 grammes (2 onces).
Et indépendamment des assaisonnemens déterminés ci-après, il sera ajouté à chacun de ces légumes :
Oseille confite.............................. 15 grammes (1/2 once).
ou
Choucroûte.................................. 3o grammes (1 once).
Nota. La substitution du fromage aux légumes, que des circonstances pourraient nécessiter, aura lieu en campagne à raison de 90 grammes (3 onces).

Anc. fixa.

ASSAISONNE-MENS....
Huile d'olive... — 18 grammes (3/5 d'once), pour chaque dîner en morue / 6 grammes (1/5 d'once), par repas en riz ou légumes.

Beurre... — pour panade, 15 grammes, (1/2 once), par homme et par jour.

Vinaigre.. — 3 centilitres (1/3o de pinte), pour chaque dîner en morue. / 5 millilitres (1/18o de pinte), pour chaque repas en riz ou en légumes. / 5 millilitres (1/18o de pinte), par homme et par jour, tant pour aciduler l'eau des charniers, que pour la préparation de la moutarde et l'aspersion du bâtiment.

Sel....... — tant pour panade que pour l'assaisonnement du riz et des légumes. 24 gram. (4/5 d'once). par homme et par jour.

Graine de moutarde. — pour chaque dîner en salaisons, 2 grammes (1/15 d'once.)

Poivre ou piment.. — pour chaque déjeûner en panade, 15 centigrammes (1/200 d'once). / et pour chaque dîner en salaisons, 15 centigrammes (1/200 d'once).

CHAUFFAGE. (*Voir le tableau ci-après*). *Anc. fixa.*

LUMINAIRE.
Chandelle. — 1 gramme 46 centigrammes............. (1/20 d'once), par ration.
Huile à brûler... — 1 gramme 46 centigrammes............. (1/20 d'once), par ration.
Coton filé. — 2 grammes par kilogramme d'huile à brûler. (1/15 d'once), par 2 liv.

RAFRAICHISSEMENS A EMBARQUER.

Le nombre de jours de rafraîchissemens à embarquer sur les bâtimens de S. M. sera fixé ainsi qu'il suit;

SAVOIR:

Pour les campagnes dans l'Inde... 120 jours.
Pour celles à l'île Bourbon et à Madagascar........................ 90 *id.*
Pour celles de la côte d'Afrique..................................... 60 *id.*
Pour celles de l'Amérique... 45 *id.*
Pour celles de la Méditerranée ou de la mer Baltique.............. 3o *id.*

Et pour les destinations inconnues, du tiers de la durée présumée de la campagne, d'après les vivres embarqués.

Les espèces et quantités de denrées, ainsi que les proportions dans lesquelles s'effectuera leur embarquement, seront réglées, pour cent hommes pendant trente jours, ainsi qu'il suit;

S A V O I R :

Anc. fixation.

Viandes désossées, bouillies et accompagnées de gelée.... 27 kil. 187 gram.	(55 liv. 9 onces).
Tablettes à bouillon (*) du poids de 25 grammes (5/6 d'once), devant faire deux bouillons chacune.................. 40 tablettes.	
Chocolat préparé.. o kil. 500 gram.	(1 livre).
Prunes... 7 » 300 »	(15 »).
Raisiné ou beurre... 5 » 000 »	(10 »).
Sucre.. 2 » 900 »	(6 »).

RATION DE MALADE.

La ration de malade à la mer sera prise tant sur les rafraîchissemens embarqués que sur le pain et les boissons de la campagne; elle sera composée chaque jour (sauf les modifications et réductions qui pourraient être prescrites par l'officier de santé) ainsi qu'il suit;

S A V O I R :

Pain frais blanc..............................	612 grammes	(20 onces).	
Vin de campagne..............................	6) centilitres	(3/4 de pinte).	
Déjeûner, chocolat....	30 grammes	(1 once).	
Dîner.....{ Bouillon formé de la moitié d'une tablette....	12 grammes 1/2	(5/12 d'once).	
Viande désossée et entourée de gelée........	180 idem	(6 onces).	
Souper.....{ Riz......................	60 idem	(2 idem).	
Avec sucre ou beurre..................	15 idem	(1/2 idem).	
ou Prunes.....................	120 idem	(4 idem).	
ou Raisiné....................	90 idem	(3 idem).	

Nota. Les parties de pain et de vin non consommées, d'après les prescriptions de l'officier de santé, pourront être employées, les premières en cataplasmes et les secondes en fomentations pour les blessés, ou eau vineuse pour boisson habituelle des malades auxquels elle pourrait être utile.

(*) Une Circulaire du Ministre de la Marine, en date du 18 Juin 1827, prescrit la substitution des gelées de Viande aux tablettes à bouillon, et fixe la quantité de gelée, pour chaque bouillon, à 25 grammes fondus dans 180 grammes d'eau. Cette substance doit-être renfermée dans des boîtes de fer-blanc, soumises au procédé Appert, et de la contenance de 4 à 6 rations.

2****

Tableau de distribution des repas, d'après la durée des campagnes ordonnées.

INDICATION DES RATIONS ET DES REPAS.		DISTRIBUTION DES REPAS.							
		1 mois, 5o jours.	2 mois, 6o jours.	3 mois, 9o jours.	4 mois, 120 jours	5 mois, 15o jours.	6 mois, 18o jours.	7 mois, 210 jours.	8 mois, 240 jours.
PAIN	Farine d'armement, ou pain en provenant	10	20	30	40	50	60	70	80
	Biscuit	20	40	6o	8o	100	120	140	16o
		3o	6o	9o	120	150	18o	210	240
BOISSONS	Vin de campagne	28	57	85	114	142	170	198	225
	Eau-de-Vie	2	5	5	6	8	10	12	15
		3o	6o	9o	120	150	18o	210	240
DÉJEUNERS	Pour les bâtimens destinés pour les climats chauds — en café	10	40	70	100	150	160	190	220
	— en panade	20	20	20	20	20	20	20	20
		5o	6o	9o	120	150	18o	210	240
	Pour ceux destinés pour les climats froids ou tempérés — en café	5	6	9	12	15	18	21	24
	— en panade	27	54	81	108	135	162	189	216
		5o	6o	9o	120	150	18o	210	2ɪo
DÎNERS	Lard salé	17	35	53	79	105	13o	156	182
	Bœuf salé	8	16	24	24	24	24	24	24
	Morue	5	6	8	8	8	8	8	8
	Fromage	2	3	5	9	13	18	22	26
		3o	6o	9o	120	150	18o	210	240
SOUPERS	Légumes	25	5o	75	100	125	15o	175	200
	Riz	5	10	15	20	25	3o	35	40
		3o	6o	9o	120	15o	18o	210	240

OBSERVATIONS ESSENTIELLES.

La quantité des déjeûners en café et en panade à embarquer doit varier suivant la destination des bâtimens: ainsi un navire armé pour la station de Terre-Neuve ou pour une mission dans la mer Baltique, c'est-à-dire pour un climat froid, serait dans le cas de ne recevoir que des déjeûners en panade. Mais afin de pourvoir aux besoins qui naîtraient de circonstances imprévues, il sera toujours embarqué dans ce cas du sucre et du café pour un dixième de la durée de la campagne, et cette disposition sera applicable aux bâtimens naviguant dans la Méditerranée, ainsi qu'à ceux dont les missions seraient inconnues.

Les bâtimens destinés pour l'Amérique ne recevront en France qu'un tiers des quantités de sucre et de café nécessaires pour le nombre de jours de vivres de campagne embarqués, et ceux destinés pour l'île Bourbon et les Indes orientales en recevront moitié, vu la facilité de se procurer le surplus soit dans les magasins des colonies françaises, soit par des achats dans les pays étrangers.

Quant aux bâtimens destinés pour le Sénégal et autres établissemens sur les côtes d'Afrique, ils recevront la totalité de leur nécessaire, tel qu'il est fixé par le tableau ci-dessus.

RATION DE TROUPES D'ARTILLERIE ET D'INFANTERIE.

Pain frais provenant de farine de froment épurée à 12 p. o/o.... 750 grammes (24 onces).

Nota. La ration des compagnies d'ouvriers d'artillerie et d'apprentis canonniers, ainsi que celle des agens de surveillance des chiourmes, est la même que celle des troupes d'artillerie et d'infanterie de la Marine.

RATION DE PRISONNIERS DE GUERRE.

Pain frais provenant de farine de froment   *Anc. fixa.*
  épurée à 12 pour 100................. 490 grammes (16 onces).
Vin de journalier...................... 23 centilitres (1/4 de pinte).
    ou
Bière ou cidre........................ 46 centilitres (1/2 pinte), } par homme et par jour.
Viande fraîche....................... 490 grammes (16 onces).
Sel................................. 10 grammes (1/3 d'once).
Bois (*Voir le tableau ci-après*).
  Le supplément de 5 pour o/o sur le vin et la viande est applicable à cette ration.

Tableau des quantités de bois de chauffage et de charbon de terre à délivrer pour la cuisson des alimens.

L'usage des déjeûners chauds à bord des bâtimens à la mer exigeant l'emploi de plus de combustibles pour le service de campagne que pour celui de journalier, le nécessaire pour chacun de ces services est réglé pour chaque mois ainsi qu'il suit;

SAVOIR:

	Pour le service journalier, lorsque l'équipage est au moins aux 2/3 complet.			A embarquer pour campagne.		
	stère.	cen-tistère	Réduction en cordes de port.	stère.	cen-tistère	Réduction en cordes de port.
VAISSEAUX { à trois ponts......	55	"	11 461·	60	5o	12 607
de 80 canons.....	49	25	10 263	54	17	11 287
de 74 canons.....	41	"	8 543	45	10	9 597
FRÉGATES.. { de 5o à 6o canons.	53	"	6 877	56	3o	7 534
de 44 canons.....	22	"	4 585	24	2o	5 o23
Corvettes de guerre de 26 et 24 canons et corvettes de charge....	16	5o	3 438	18	15	3 782
Autres corvettes et bâtimens ayant plus de 100 hommes d'équipage.	11	"	2 292	12	10	2 511
Bâtimens dont l'équipage sera au-dessous de 100 hommes et au-dessus de 5o hommes........	8	25	1 719	9	"	1 875
Bâtimens au-dessous de 5o hommes et au-dessus de 20 hommes....	6	5o	1 354	7	15	1 490
Bâtimens ayant 20 hommes et au dessus de 10 hommes........	5	"	1 o42	5	5o	1 146
Bâtimens ayant 10 hommes et au-dessous..............	o o1 par ration	0,00208 par ration		o o1 par ration	0,00208 par ration	

NOTA.

La Corde dite de port, contient 8 pieds de couche et 5 pieds de hauteur, la bûche ayant 3 pieds 6 pouces de longueur.

Bois à délivrer, tant pour les troupes et autres passagers embarqués sur les bâtimens de S. M., que pour le service journalier des bâtimens, lorsque leur équipage n'est pas aux deux tiers complet, et pour celui des caiennes.

Pour cent hommes par mois................ 8 stères 25 centistères (1 corde 719 millièmes),
ou 5 Cordes mesure en usage à Brest, Lorient, Nantes et tous les Ports de la Manche.
1 Corde 4/5 mesure en usage à Rochefort, la Rochelle, Bordeaux et Bayonne.
et 75 Quintaux ou 367 myriagrammes à Toulon et dans tous les Ports du Levant où le bois se pèse.

Charbon de Terre.

A bord des bâtimens où l'on consomme du charbon de terre en roche pour les cuisines, ce combustible sera embarqué à raison de cent quarante kilogrammes de charbon pour un stère de bois.

Fournitures extraordinaires et hors du service en rations.

Indépendamment des distributions applicables à la ration ordinaire du marin, dont le détail précède, il est d'autres consommations qui se font habituellement à bord des bâtimens à la mer, et qui, variant selon les climats où ils se trouvent, sont, en raison de leur éventualité, considérées comme des fournitures extraordinaires.

Les proportions de ces dernières consommations seront réglées de la manière suivante :

1.º Il sera délivré aux équipages des bâtimens en mission à Terre-Neuve ou naviguant dans les mers boréales ou australes, c'est-à-dire, au-delà du 50.º degré de latitude nord et sud, un supplément de biscuit qui est fixé à 60 grammes (2 onces) par homme et par jour.

2.º Les bâtimens devant former la station de Terre-Neuve recevront de la mélasse, destinée à faire, avec les bourgeons du sapin du nord, la boisson habituelle du marin, désignée à bord sous le nom de *sapinette*. Cette fourniture, qui exigera un ordre spécial de l'administration de la marine dans les ports d'armement ou de départ des navires, sera calculée à raison de 30 grammes (1 once) de mélasse par homme et par jour, et pour la durée présumée du séjour des bâtimens dans les parages du banc de Terre-Neuve.

3.º Les équipages des bâtimens en station dans les colonies françaises d'Amérique, ou naviguant entre les deux tropiques, jouiront, indépendamment des boissons entrant dans la composition de leur ration ordinaire, d'une boisson habituelle composée comme suit:

<pre>
Eau-de-vie, tafia ou rhum...... 25 millitres (1/36 de pinte), ⎫ par homme, et par
Sucre-cassonade............... 10 grammes (1/3 d'once),   ⎬ jour, pour être mêlé
Vinaigre.................... 2 centilitres(1/45 de pinte), ⎭ à l'eau des charniers.
</pre>

Les deux centilitres de vinaigre seront remplacés par un demi-citron ou par la moitié d'une orange amère, lorsque les bâtimens pourront se procurer de ces fruits; et attendu la facilité d'en obtenir dans les Antilles, et de se pourvoir aussi de sucre et de tafia, il ne sera fait aux bâtimens ayant cette destination aucune fourniture de ce genre, avant leur départ de France (à moins d'un ordre spécial).

Les bâtimens destinés pour les Indes orientales et l'île Bourbon en recevront pour cinquante jours, durée présumée de leur séjour entre les tropiques pendant leur traversée.

Quant à ceux destinés pour le Sénégal et la côte d'Afrique, ils en recevront pour la moitié de la durée présumée de la campagne ordonnée d'après les vivres embarqués.

4.° Enfin dans les climats tempérés, l'eau des charniers sera acidulée dans la proportion convenable, au moyen du vinaigre embarqué à cet effet; mais comme cet acide se trouve compris dans l'approvisionnement en vivres de campagne des bâtimens, tel qu'il a été réglé ci-dessus, cette dernière consommation ne donnera lieu à aucune livraison spéciale des magasins, ni à aucune justification de dépenses extraordinaires.

Quant aux distributions supplémentaires de biscuit, à la fourniture de mélasse et à celle des denrées composant les boissons alcoolisés, elles seront justifiées par des états de fournitures extraordinaires.

Les commandans pourront, comme par le passé, accorder aux hommes atteints de boulimie les supplémens de pain ou de biscuit qui seront déterminés par l'officier de santé en chef.

Ils pourront également ordonner, lorsqu'il y aura lieu, la distribtuion des doubles rations qui s'accordent aux équipages à l'occasion de travaux extra-ordinaires et forcés, ou de réjouissances publiques; il est entendu toutefois que l'ordre donné pour une *double ration* en boissons, ne doit s'appliquer qu'à la quantité revenant pour un repas seulement.

Toutes les consommations et fournitures extraordinaires rappelées ci-dessus devront d'ailleurs être régulièrement justifiées et constatées selon les formes prescrites par les réglemens sur la comptabilité des bords.

Approuvé le présent réglement, pour recevoir son exécution partir du 1.er avril 1823.

Paris, le 5 février 1825.

Signé LOUIS.

Par le Roi :

Le Pair de France,
Ministre Secrétaire d'état de la marine et des colonies,
Signé Marquis DE CLERMONT-TONNERRE.

RATIONS DE TROUPES EN CAMPAGNE.

PAR HOMME.	Pain frais.	750 grammes.
	Viande fraîche.	250 *idem.*
	Légumes secs.	60 *idem.*
	Sel.	1/60 de kilogramme.
	Bois.	0 stère 004 millistères.

EXTRAIT

DE L'ORDONNANCE DU ROI,

En date du 4 Août 1819,

Concernant les Chirurgiens qui s'embarquent sur les Navires du Commerce, et la visite des Coffres de Médicamens et des Caisses d'Instrumens de Chirurgie dont ces navires doivent être pourvus.

ARTICLE PREMIER.

Les armateurs et capitaines de tout navire expédié, soit pour des voyages de long-cours, soit pour la pêche de la baleine et autres poissons à lard, seront tenus d'embarquer un chirurgien, lorsque l'équipage dudit navire sera de vingt hommes et au-dessus, non compris les mousses.

Art. 2. Il sera embarqué un chirurgien sur tout navire destiné aux pêches de la morue, quand l'équipage sera de quarante hommes, non compris les mousses.

Art. 3. Les armateurs de bâtimens expédiés au long-cours ne seront assujettis à embarquer deux chirurgiens, que si l'équipage est de quatre-vingt-dix hommes, non compris les mousses.

Les navires destinés pour la pêche de la morue seront dispensés de cette obligation.

Art. 4. Nul ne pourra d'orénavant être embarqué, en qualité de chirurgien, sur un navire du commerce, s'il n'a été reçu officier de santé, conformément à la loi du 10 mars 1803, relative à l'exercice de la médecine; ou s'il n'a été employé, comme officier de santé de 2.e classe, soit sur nos vaisseaux ou dans les hôpitaux de la marine, soit à la suite de nos troupes de terre ou dans les hôpitaux militaires; ou enfin si, antérieurement à la présente ordonnance, il n'a fait deux voyages de long-cours, en qualité de chirurgien, sur un navire du commerce, et s'il n'est muni de certificats satisfaisans, délivrés, soit par les armateurs, soit par les capitaines des bâtimens sur lesquels il aura servi.

Art. 5. Il y aura, dans chaque port, une commission composée d'un médecin, un chirurgien et un pharmacien chargés d'examiner et de vérifier les titres des chirurgiens qui se présenteront pour être employés sur des navires du commerce, et de procéder à la visite des coffres de médicamens et des caisses d'instrumens de chirurgie dont lesdits navires et les chirurgiens doivent être pourvus.

Art. 6. Les officiers de santé qui se présenteront à la commission d'examen, pour être embarqués en qualité de chirurgien de navires du commerce, devront produire les titres constatant leur réception ainsi que leur service antérieur, et un certificat de bonne conduite, délivré, soit par les professeurs, docteurs, officiers de santé en chef sous les ordres desquels ils auront servi , soit par l'administration municipale du lieu de leur domicile, soit enfin par les capitaines des navires à bord desquels ils auront été employés.

Art. 7. Lorsque la commission d'examen aura reconnu la validité des titres et certificats qui lui auront été produits, elle en délivrera une attestation à l'officier de santé qui se sera présenté ; et, sur le vu de cette attestation, qui restera déposée au bureau du Commissaire de la marine chargé de l'inscription maritime, ledit Commissaire remettra à l'officier de santé un permis d'embarquement en qualité de chirurgien des navires du commerce.

Art. 8. L'examen des titres des officiers de santé qui se présenteront pour être embarqués en qualité de chirurgiens des navires du commerce sera gratuit.

Art. 9. Les armateurs des navires sur lesquels un chirurgien devra être embarqué sont tenus de lui fournir un coffre de médicamens, ustensiles et autres objets, composé conformément à l'état N° 1, annexé à la présente.

Les commissions d'examen pourront toutefois apporter audit état les modifications que la force de l'équipage et la nature du voyage entrepris pourraient comporter.

Chaque chirurgien de navire devra, indépendamment de sa trousse, être pourvu avant son embarquement, d'une caisse d'instrumens, composée conformément à l'état N° 2, annexé à la présente ordonnance.

Art. 10. Le coffre de médicamens et ustensiles, et la caisse d'instrumens de chirurgie, seront déposées, trois jours au moins avant le départ de navire , au bureau du commissaire de l'inscription maritime; ils seront visités par les examinateurs, en présence du capitaine et du chirurgien du navire: les examinateurs procéderont en même-tems, à la visite de la caisse d'instrumens dont les chirurgiens doivent être pourvus.

Le pharmacien qui participera à la visite du coffre de médicamens, ne pourra être le même que celui qui aura fourni lesdits médicamens.

Dans le cas où il n'y aurait pas, dans la ville, un autre pharmacien, la visite sera faite par le médecin et le chirurgien examinateurs seulement.

Art. 11. Il sera payé 15 francs de vacation à la commission qui aura procédé à l'examen du coffre de médicamens et de la caisse d'instrumens de chirurgie.

Art. 12. Le procès-verbal de la visite du coffre de médicamens et ustensiles,

et de la caisse d'instrumens de chirurgie, sera remis au Commissaire de l'inscription maritime, et il demeurera annexé à la minute du rôle d'équipage.

Le coffre et la caisse seront scellés par ledit commissaire et par le capitaine
du navire : l'un et l'autre resteront déposés au bureau du Commissaire, jusqu'à ce
qu'ils soient portés à bord.

Les clefs du coffre et de la caisse resteront entre les mains du capitaine, jusqu'au départ du navire ; et lorsque le capitaine aura levé les scellés et remis le coffre
au chirurgien, celui-ci deviendra responsable des objets contenus dans ledit coffre.

Art. 13. Tout armateur qui expédiera un navire, soit pour le long-cours, soit
pour la pêche de la baleine et pour celle de la morue, et qui, d'après la présente ordonnance, ne sera pas tenu d'embarquer un chirurgien, devra néanmoins
fournir au capitaine un coffre de médicamens, lorsque l'équipage sera de huit
hommes y compris les mousses.

Dans ce cas, la commission d'examen déterminera la composition dudit coffre
en raison de la force de l'équipage, de la destination du bâtiment et de la durée
présumée du voyage.

Après que le coffre aura été soumis à la visite de la commission et scellé
par elle, il sera remis, ainsi que le procès-verbal constatant ladite visite, au
bureau du Commissaire de l'inscription maritime, pour être délivré au capitaine lors de son départ ; et, ainsi qu'il est prescrit par l'article 12 ci-dessus,
le procès-verbal sera annexé à la minute du rôle d'équipage.

La commission d'examen remettra au capitaine une instruction sur l'usage à
faire des médicamens qui seront entrés dans la composition du coffre.

Art. 14. Quand deux chirurgiens devront être embarqués sur un navire du
commerce, en exécution de l'article 3 de la présente ordonnance, celui qui sera
employé en chef devra prouver qu'il a fait au moins un voyage de mer en qualité d'officier de santé.

Art. 15. Tout chirurgien embarqué à bord d'un navire de commerce, tiendra
exactement un journal sur lequel il décrira les maladies qu'il aura traitées pendant le cours du voyage, les remèdes qu'il aura administrés ; et ce, à peine de
ne pouvoir servir en ladite qualité : ce journal sera visé par le capitaine.

Il devra également tirer du capitaine du navire, un certificat de la conduite
qu'il aura tenue pendant le voyage.

Il remettra le journal et le certificat au commissaire chargé de l'inscription
maritime dans le port où le navire fera son retour. Ledit Commissaire

visera l'une et l'autre pièce; il requerra la commission établie en exécution de l'article 5 de la présente ordonnance, d'examiner le journal, de certifier l'examen qu'elle en aura fait, et d'exprimer son opinion sur ledit journal.

La commission délivrera son certificat en double expédition: l'une restera déposée au bureau de l'inscription maritime; l'autre sera remise au chirurgien après avoir été visée par le Commissaire.

Art. 16. Il est expressément défendu à tous chirurgiens des navires du commerce de rien exiger ni recevoir d'aucun des individus malades ou blessés qui sont employés tant à la manœuvre qu'au service du bâtiment.

Art. 17. Aucun capitaine ne pourra, pendant la durée du voyage, congédier ni débarquer le chirurgien du navire, à moins que ce ne soit pour une cause valable, et par suite d'une autorisation expresse des Commissaires de l'inscription maritime dans les ports du royaume et des colonies, et de nos consuls en pays étrangers; lesquelles cause et autorisation seront certifiées et mentionnées ensuite sur le rôle d'équipage.

Art. 18. Les chirurgiens des navires du commerce ne pourront, sauf le cas prévu par l'article 17 ci-dessus, quitter les bâtimens sur lesquels ils auront été embarqués en ladite qualité, à moins que le voyage entrepris n'ait été terminé; et ce, sous telles peines que de droit.

Art. 19. Tout chirurgien qui aura navigué sur un navire du commerce, et qui se présentera pour être employé de nouveau en cette qualité, devra exhiber l'attestation de la commission qui aura examiné son journal, et le certificat du capitaine du bâtiment sur lequel il aura été embarqué.

Art. 20. Les armateurs ou les capitaines des navires du commerce employés aux grandes pêches, ne pourront exiger que les chirurgiens embarqués remplissent, pendant la durée du voyage, d'autres fonctions que celles de leur profession.

Art. 21. Les Commissaires de la marine chargés de l'inscription maritime tiendront une matricule spéciale des chirurgiens embarqués sur les navires du commerce; ils y mentionneront les certificats que ces chirurgiens auront produits aux commissions d'examen, les attestations qu'ils auront reçues desdites commissions, les permissions d'embarquer qui leur auront été délivrées; les avis donnés par les commissions d'examen sur les journaux remis par les chirurgiens, lors du désarmement des navires, et les certificats de conduite expédiés par les capitaines des navires à bord desquels ils auront été employés.

Art. 22. Les amendes, prononcées pour cause de contravention à la présente ordonnance, seront versées dans la caisse des invalides de la marine.

(N.º 1.) *ETAT des Médicamens à embarquer sur les Navires du Commerce, pour un équipage de vingt hommes.*

MÉDICAMENS.	SYNONYMIE ANCIENNE.	POIDS NOUVEAUX ET ANCIENS.			
		gram.	livres.	onces.	gros.
Acétate de plomb cristallisé	*Sel de saturne......*	96	″	3	″
Acide-Sulfurique, à 40 degrés..........	*Huile de vitriol....*	1500	3	″	″
Alcool camphré........................	*eau-de-vie camphrée.*	2000	4	″	″
Idem à la cannelle....................	*Teinture de cannelle*	64	″	2	″
Ammoniaque liquide..`.................	*Alkali volatil fluor.*	64	″	2	″
Camphre	″	52	″	1	″
Cire jaune...........................	″	250	″	8	″
Charpie.............................	″	1000	2	″	″
Emplâtre épispastique.................	″	96	″	3	″
Idem de diachylon gommé.............	″	250	″	8	″
Idem de vigo cum mercurio...........	″	96	″	5	″
Ether sulfurique.....................	″	64	″	2	″
Extrait de réglisse..................	*Suc de réglisse.....*	1500	3	″	″
Idem d'Opium........................	″	8	″	″	2
Fleurs de Camomille..................	″	250	″	8	″
Graine-de-Lin.......................	″	3000	6	″	″
Gomme arabique en poudre.............	″	125	″	4	″
Huile d'olive.......................	″	1500	3	″	″
Jalap en poudre.....................	″	52	″	1	″
Ipécacuanha en poudre................	″	16	″	″	4
Laudanum liquide....................	″	52	″	1	″
Linge à pansemens, dont un tiers en draps.	″	9000	18	″	″
Manne en sorte......................	″	575	″	12	″
Nitrate de potasse..................	*Nitre...........*	52	″	1	″
Idem d'argent fondu.................	*Pierre infernale....*	4	″	″	1
Onguent jaune.......................	″	500	1	″	″
Idem mercuriel......................	″	190	″	6	″
Idem ou Pommade antipsorique........	″	575	″	12	″
Orge mondé..........................	″	5000	6	″	″
Pommade de garou....................	″	64	″	2	″
Poudre de cantharides...............	″	52	″	1	″
Idem fumale de Guyton...............	″	1500	3	″	″
Idem pour le diascordium............	″	64	″	2	″
Proto-Chlorure de mercure...........	*Calomélas........*	52	″	1	″
Quinquina, dont moitié en poudre......	″	500	1	″	″
Rhubarbe, dont moitié en poudre......	″	125	″	4	″
Sucre de citron.....................	″	500	1	″	″
Sucre	″	2000	4	″	″
Sulfate de magnésie.................	*Sel d'epsom........*	500	1	″	″
Idem de zinc........................	*Vitriol blanc......*	52	″	1	″
Tartrate acide de potasse...........	*Créme de tartre.....*	575	″	12	″
Idem de potasse et d'antimoine.........	*Emétique.........*	4	″	″	1
Thé vert............................	″	125	″	4	″

USTENSILES ET AUTRES OBJETS.

Aiguilles à coudre	*nombre*	15
Balance à main et ses poids	*idem.*	1
Bandages herniaires simples	*idem.*	3
Bassin de commodité	*idem.*	1
Biberon	*idem.*	1
Cafetières en fer - blanc	*idem.*	2
Courtines ou Fioles assorties	*idem.*	12
Couvertures de laine	*idem.*	2
Ecuelles d'étain	*idem.*	4
Idem de terre	*idem.*	3
Encre	*grammes.*	125
Epingles	*nombre.*	250
Eponges fines pour pansemens	*grammes.*	48
Etamines	*nombre.*	2
Etoupes fines	*grammes.*	1500
Fil retors (*une demi-once*) ou	*idem.*	16
Galon de fil	*mètres.*	6
Gobelets en fer - blanc	*nombre.*	3
Mortier de marbre, contenant 500 grammes, avec pilon	*idem.*	1
Papier commun	*feuilles.*	25
Poêle en cuivre à main	*nombre.*	1
Seringue à clystère, avec canule courbe en étain	*idem.*	1
Canules droites en buis	*idem.*	4
Trébuchet garni	*idem.*	1
Urinoir	*idem.*	1
Ventouses en verre	*idem.*	2

(N.º 2.) *COMPOSITION de la Caisse d'Instrumens dont les Navires du Commerce doivent-être pourvus.*

Deux Couteaux à amputation ;
Un *idem* interosseux ;
Une Scie, avec deux feuillets ;
Un Tourniquet ordinaire ;
Un Lac à amputation ;
Un Cautère en olive ;
Une Boîte d'aiguilles à sutures et à ligatures, de diverses dimensions :
Une Algalie moyenne ;
Deux Sondes de gomme élastique ;

Six Bougies de gomme élastique, de grosseurs variées ;
Deux Scalpels ;
Une Seringue à injection ;
Un Pied - de - Biche ;
Un Trocard moyen ;
Une Clef de garengeot ;
Une Boîte d'instrumens pour nettoyer les dents ;
Une Spatule ;
Un Davier.

La Trousse des Chirurgiens des Navires du Commerce, doit-être composée des Instrumens ci - après :

Trois Bistouris ;
Deux Ciseaux à incision ;
Un Ciseau à linge ;
Une Feuille de myrte ;
Quatre Lancettes ;
Une Ligature ;
Une pince à anneaux ;

Une pince à dissection ;
Un Forte-Pierre ;
Un Rasoir ;
Une Sonde cannelée ;
Une Sonde à panaris ;
Un Stylet à séton.

Paris, le 4 Août 1819.

Signé LOUIS.